Dar las gracias

Sharon Coan, M.S.Ed.

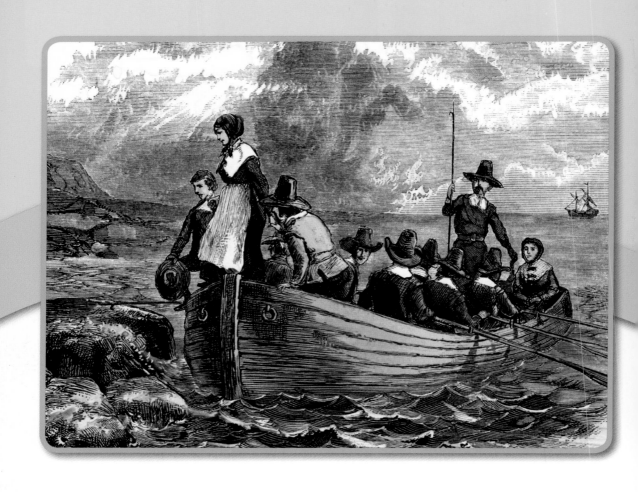

Los **peregrinos**
llegaron en un barco.

Hicieron amigos.

Dieron las **gracias**.

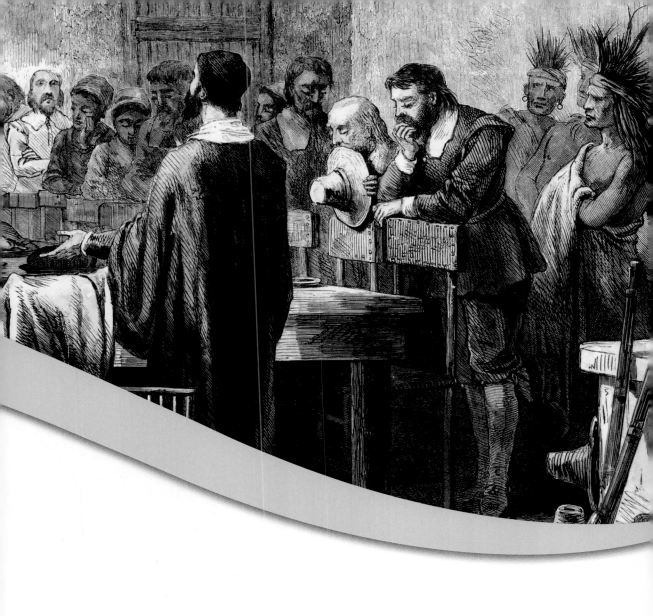

Comieron alimentos.

Nosotros llegamos
en un avión.

Hacemos amigos.

Damos las gracias.

Comemos alimentos.

¡Haz una lista!

1. ¿Sobre qué cosas estás agradecido?

2. Piensa en tres cosas.

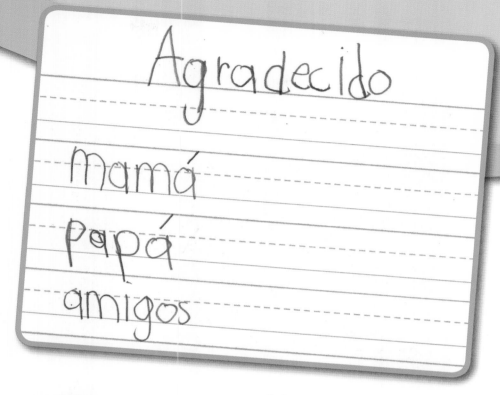

Agradecido
mamá
papá
amigos

3. Haz una lista.

Glosario

gracias: lo que se dice cuando estás contento y agradecido

peregrinos: las primeras personas que vinieron de Inglaterra a América

Índice analítico

¡Tu turno!

¿Qué haces el Día de Acción de Gracias? Haz un dibujo.